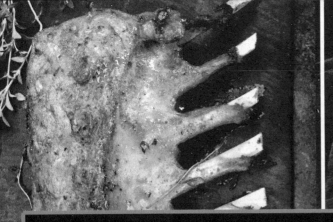

DAS XXL

OPTIGRILL

REZEPTBUCH

[Bilder in Farbe]1000Tage leckere Optigrill-Rezepte
für die ganze Familie und fertig in weniger als 30
Minuten

DAS XXL

OPTIGRILL

REZEPTBUCH

[Bilder in Farbe]1000Tage leckere Optigrill-Rezepte für die ganze Familie und fertig in weniger als 30 Minuten

Index

Gesund Gerichte

Vorspeisen

SANDWICH REZEPTE

Speck-Sandwich

SEPORTIONEN: 2   ZUBEREITUNGSZEIT: 15 MIN   KOCHZEIT: 30 MIN

ZUTATEN

400 g Speck

2 Eier

100 g Frischkäse

½ Teelöffel

1 Teelöffel Grillgewürz
nach Wahl

6 Scheiben Gouda-Käse

6 Scheiben Brot (Toast)

VORBEREITUNG

1.Beginnen Sie mit den Toastscheiben und bestreichen Sie sie mit dem Frischkäse. In den dritten Toast mit einem Glas ein Loch stechen, um ihn später zu belegen.

2.Den einen der beiden Toasts mit dem Grillgewürz bestreuen und mit dem Emmentaler belegen. Dann den Toast beidseitig mit Ketchup bestreichen, mit dem Loch in der Mitte, und auf die Scheibe den Emmentaler legen.

3.Dann das Ei in die Mitte geben, wobei darauf zu achten ist, dass das Eigelb nicht beschädigt wird.

4.Die letzte Scheibe auf die gleiche Weise mit dem Grillgewürz würzen und das Sandwich schließen. Den Speck abdecken und auf ein Schneidebrett legen.

5.Legen Sie das Sandwich wieder auf einen separaten Teller und legen Sie die zweite Reihe Speckscheiben wieder auf das Schneidebrett. Das Sandwich wieder auf die Speckscheiben legen, so dass alle Seiten bedeckt sind

6.Nun kommt der Optigrill zum Einsatz und wird auf die Stufe "Sandwich" vorgeheizt.

7.Dann 2 bis 3 Mal drehen und warten, bis das Licht auf "orange" steht.

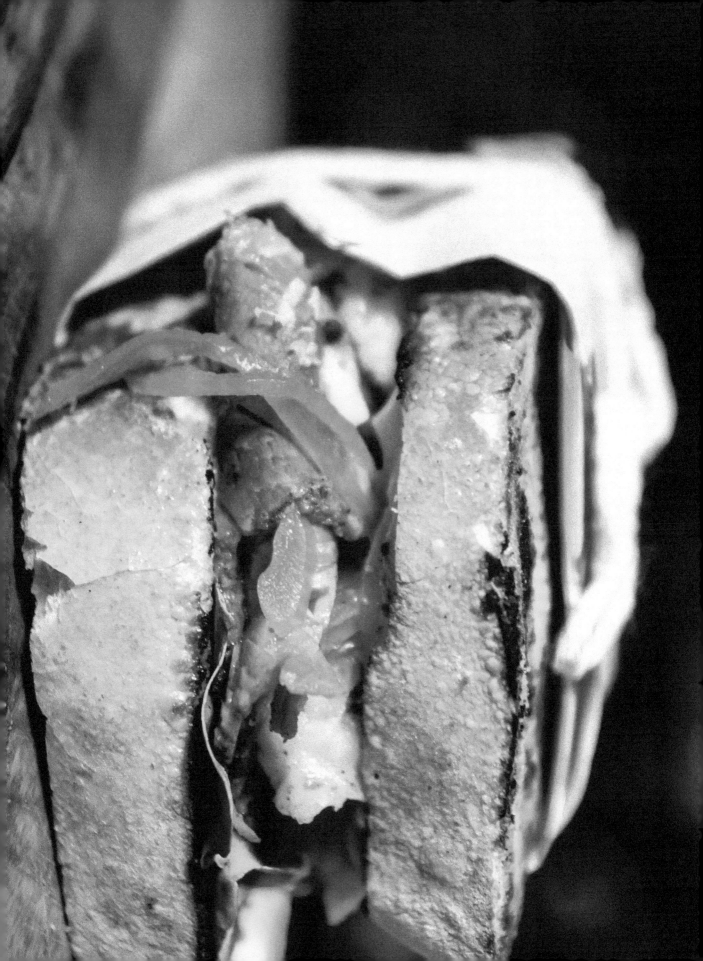

Italienisches Gemüsesandwich

SEPORTIONEN: 2   ZUBEREITUNGSZEIT: 5 MIN   KOCHZEIT: 15MIN

ZUTATEN

. 50 ml Olivenöl

. 30 ml Balsamico-Essig

. Je 4 ml Salz und Pfeffer

. 4 Knoblauchzehen, gehackt.

. 1 Zucchini, in 1 cm dicke Scheiben geschnitten.

. 1 rote Paprika, in Streifen geschnitten.

. ½ kleine rote Zwiebel, in 1 cm dicke Scheiben geschnitten

. 50 ml Pesto wie Artischocke oder Basilikum

. 8 Scheiben frisches italienisches Brot, etwa 1 cm dick

. 50 ml eingelegte scharfe Paprika

. 250 ml geriebener Käse, z. B. Provolone, Asiago oder Mozzarella

VORBEREITUNG

1.Öl mit Essig, Salz, Pfeffer und Knoblauch verrühren. Zucchini, Paprika und Zwiebel hinzufügen und unterheben.

2.Wählen Sie das Programm "Manueller Modus" und drücken Sie "OK". Fetten Sie die Kochplatten leicht mit Kochspray ein. Sobald die "lila" Kontrollleuchte nicht mehr blinkt, das Gemüse auf den Grill legen und den Deckel schließen.

3.Das Gemüse portionsweise 3 bis 5 Minuten kochen, bis es gut markiert und zart ist.

4.4 Brotscheiben mit dem Pesto bestreichen. Mit Gemüse, eingelegter Paprika und Käse belegen, mit den restlichen Brotscheiben abdecken.

Club-Sandwich

SEPORTIONEN: 2   ZUBEREITUNGSZEIT: 5 MIN   KOCHZEIT:10 MIN

ZUTATEN

. 4 Scheiben Speck, etwa 5 mm dick

. 30 ml Mayonese

15 ml Apfelbutter

. 4 Scheiben Sauerteigbrot, etwa 1 cm dick

. 4 Scheiben gebratener Truthahn aus dem Ofen

. 2 Scheiben kanadischer Cheddar-Käse

. 1 kleine Tomate, in Scheiben geschnitten

. 250 ml Babyspinatblätter

VORBEREITUNG

1.Wählen Sie das Programm "Würstchen/Schwein/Lamm" und drücken Sie "ok". Fetten Sie die heißen Platten leicht mit Kochspray ein. Wenn die "lila" Kontrollleuchte nicht mehr blinkt, den Speck auf den Grill legen und den Deckel schließen.

2.Kochen, bis die Kontrollleuchte auf "rot" umgeschaltet hat. Auf ein Blech legen und mit Folie abdecken, die Platte vorsichtig mit einem Papiertuch abwischen.

3.Die Mayonnaise mit der Apfelbutter mischen und gleichmäßig auf zwei Brotscheiben verteilen; mit Speck, Putenfleisch und Käse belegen. Das Sandwich mit den restlichen Brotscheiben belegen.

4.Wählen Sie das Programm "Sandwich" und drücken Sie "ok". Fetten Sie die heißen Platten leicht mit Kochspray ein. Sobald die "lila" Kontrollleuchte aufhört zu blinken, die Sandwiches auf den Grill legen und den Deckel schließen

5.Kochen, bis die Kontrollleuchte rot leuchtet. Die Sandwiches auf eine Platte legen. Die Sandwiches vorsichtig öffnen und vor dem Servieren mit den Tomaten- und Spinatblättern belegen.

Hackfleisch-Sandwich

SEPORTIONEN: 4   ZUBEREITUNGSZEIT: 10 MIN   KOCHZEIT:20 MIN

ZUTATEN

. Hühnerbeine

. 100 g Tomatenmark

. 300 g Hackfleisch

. 8 Scheiben Toast

. 4 Scheiben Käse

. etwas Butter

. ein wenig Oregano

. Salz und Pfeffer

VORBEREITUNG

1.Zuerst das Hackfleisch in etwas Öl anbraten und mit Salz, Pfeffer und Oregano würzen

2.Wenn das Hackfleisch fertig ist, können Sie das Tomatenmark und ein wenig Wasser hinzufügen.

3.Schalten Sie nun den Optigrill ein und wählen Sie das Programm "Sandwich".

4.Die Brotscheiben mit Butter bestreichen, das Hackfleisch auf 4 Scheiben verteilen, den Käse darauf legen und mit den anderen 4 Scheiben abdecken.

5.Legen Sie nun die Sandwiches in den Optigrill, schließen Sie den Deckel und drücken Sie ihn leicht an.

6.Grillen, bis das Lamm "gelb", "orange" oder "rot" ist, je nach gewünschtem Bräunungsgrad.

14

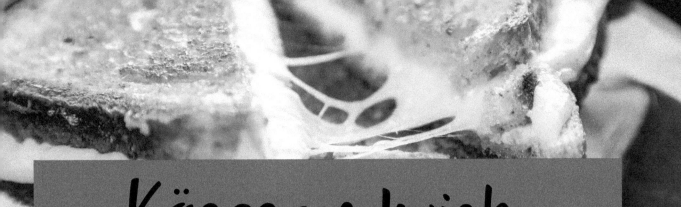

Käsesandwich

SEPORTIONEN: 4   ZUBEREITUNGSZEIT: 10 MIN   KOCHZEIT:15 MIN

ZUTATEN

. 2 Tomaten

. 8 Scheiben Toast

. 8 Scheiben Käse

. ein paar Salatblätter

. Senf oder Sauce nach Wahl

VORBEREITUNG

1.Schalten Sie zunächst den Optigrill ein und heizen Sie ihn im Programm "Sandwich" auf.

2.Dann die Salatblätter und Tomaten gründlich waschen und die Tomaten in Scheiben schneiden.

3.Die unteren Toastscheiben mit Senf oder einer anderen Sauce bestreichen, Salat und Tomate darauf legen und je eine Scheibe Käse darauf legen.

4.Legen Sie die zweite Toastscheibe darauf und bestreichen Sie, wenn Sie möchten, die anderen Seiten mit Butter oder Margarine, damit der Toast knusprig wird.

5.Sobald das optigrill aufgeheizt ist. Es ertönt ein kleines Signal. Dann einfach das Toastbrot auf den Grill legen und den Deckel schließen

6.Die Sandwiches etwa 3-4 Minuten grillen.

7.Wenn die Sandwiches fertig sind, diagonal durchschneiden und servieren.

Pizzabrötchen

SEPORTIONEN: 4   ZUBEREITUNGSZEIT: 15 MIN   KOCHZEIT: 20 MIN

ZUTATEN

. Olivenöl

. 320 ml Wasser

. 1 Packung Trockenhefe

. 200 g Mozzarella

. 200 g gekochter Schinken

. 500 g Weizenmehl

. Salz

VORBEREITUNG

1. Geben Sie zunächst die Hefe in das lauwarme Wasser und rühren Sie die Mischung gut um, bis sich die Hefe aufgelöst hat.

2. Mischen Sie nun das Mehl und das Salz in einer Schüssel mit der Hefemischung und kneten Sie alles gründlich durch.

3. Den Teig etwa 1 Stunde lang ruhen lassen. Dann können Sie den Teig in etwa 12-24 gleich große Stücke teilen.

4. Auch der Schinken und der Käse werden in 12-24 Stücke geteilt und beide in die Mitte der jeweiligen Teigstücke gelegt.

5. Dann müssen Sie den Teig zu Kugeln formen. Beachten Sie, dass der Käse ebenso wie der Schinken vom Teig umgeben ist.

6. Nun können Sie die Pizzabrötchen etwa eine halbe Stunde ruhen lassen und dann auf das gefettete Backblech legen.

7. Sie können den Backvorgang bei etwa 250 Grad beginnen.

8. Die Pizzabrötchen sollten nach etwa 15 bis 20 Minuten verzehrfertig sein.

17

Zucchini-Sandwich

SEPORTIONEN 4   ZUBEREITUNGSZEIT: 15 MIN   KOCHZEIT: 20 MIN

ZUTATEN

. 2 kleine Zucchini

. 8 Scheiben Sandwichtoast

. 4 Scheiben Käse

. senf

VORBEREITUNG

1.Schalten Sie zuerst den optigrill ein und wählen Sie das Programm "Handbetrieb" und drücken Sie die Tasse, bis die "rote" Lampe aufleuchtet und bestätigen Sie mit "ok".

2.Nun beginnt der Vorheizvorgang des Grills, und wenn er vorgeheizt ist, ertönt ein kurzer Piepton.

3.In der Zwischenzeit die Zucchinis gründlich waschen und der Länge nach in Scheiben schneiden.

4.Dann die Zucchinischeiben auf den Grill legen, den Deckel schließen und etwa 6-8 Minuten grillen.

5.Während die Zucchini gegrillt werden, den Sandwichtoast mit Senf bestreichen und mit Käse belegen. Die gegrillten Zucchinischeiben aus dem Sandwichtoast nehmen und auf das Toastbrot legen.

6.Starten Sie den Optigrill neu und wählen Sie das Programm "Sandwich". Legen Sie das Sandwich auf den Grill, schließen Sie den Deckel und grillen Sie den Toast etwa 5-10 Minuten lang, je nach gewünschtem Bräunungsgrad.

7.Das gegrillte Zucchini-Sandwich vom Grill nehmen, diagonal durchschneiden und servieren.

19

FLEISCH REZEPTE

Schweinslende

SEPORTIONEN 2   ZUBEREITUNGSZEIT: 15 MIN   KOCHZEIT: 20 MIN

ZUTATEN

. 250 g Speck Salz und Pfeffer

. 1 Esslöffel scharfer Senf

. 1 großes Schweinefilet

FÜR DIE PILZFÜLLUNG

. 100 g Suppengemüse

. 1 Rinderbrühe

. Rotweinsauce

. 25g Champignons

. 50 g Käse nach Wahl

. 250 ml Gemüsebrühe

. Tomatenmark

FÜR DIE JALAPENOS-FÜLLUNG

. Jalapenos

. 50 g Käse nach Wahl

VORBEREITUNG

Das Schweinefilet zunächst mit einem Messer parieren und entlang der Sehne leicht einschneiden. Dann das Fleisch direkt durchschneiden und flach klopfen.

1.Dann nehmen Sie den zerkleinerten Käse Ihrer Wahl und die Jalapenos und mischen die Zutaten unter das Schweinefilet. Aufrollen und mit Zahnstochern befestigen.

2.Nehmen Sie nun die Speckscheiben in die Hand und umwickeln Sie die Schweineröllchen, wobei Sie die Zahnstocherfixierung entfernen können. Heizen Sie nun den Opti-Grill mit dem Programm "Steak" auf.

3.Grillen Sie das Fleisch gleichmäßig medium und achten Sie auf die Farbe "orange", denn dann sollte das Fleisch fertig sein.

ZUBEREITUNG DER SAUCE:

1.Die Champignons und das Suppengemüse in gleich große Würfel schneiden und in einer Pfanne anbraten. Zum Schluss das Tomatenmark hinzufügen, mit dem Wein ablöschen und aufkochen lassen.

2.Dann, falls erforderlich, den Fond mit dem Saucenfond auffüllen. Köcheln lassen und noch etwas Speisestärke hinzufügen. Die Soße durch ein Sieb Ihrer Wahl filtern, um Pilze und Suppengemüse zu erhalten.

Chili Rib Eye Steak

SEPORTIONEN 4   ZUBEREITUNGSZEIT: 15 MIN   KOCHZEIT: 20 MIN

ZUTATEN

. 4 Esslöffel Olivenöl

. 4 Rib-Eye-Steaks

. 2 rote Chilischoten

. 4 Zitronen

. 180 g Honig

. 4 Knoblauchzehen

. 100 g Butter

. Salz und Pfeffer

. 4 Federn Minze

VORBEREITUNG

1.Zuerst die Zitrone auspressen und die anderen in kleine Viertel schneiden.

2.Dann die Chilischoten und diese in feine Ringe schneiden

3.Dann den Zitronensaft, das Olivenöl, den Honig, den Chili, den gehackten Knoblauch, das Salz und den Pfeffer miteinander vermengen.

4.Nun die Butter schmelzen und ebenfalls hinzufügen.

5.Heizen Sie Ihren Optigrill auf das Programm "Steak" vor und braten Sie die Steaks, bis die Lampe "Orange" aufleuchtet.

6.Zum Schluss die Sauce über die Rib-Eye-Steaks gießen und mit den geviertelten Zitronen und der Minze servieren.

Teriyaki-Spieße mit Steak und Pilzen

SEPORTIONEN 2   ZUBEREITUNGSZEIT: 5 MIN   KOCHZEIT: 10 MIN

ZUTATEN

- 75 ml Honig
- 50 ml natriumreduzierte Sojasauce
- 30 ml Reisessig
- 6 Knoblauchzehen, gehackt.
- 500 g Rib-Eye-Steak ohne Knochen vom Grill, in 2,5 cm große Würfel geschnitten
- 12 kleine ganze Pilze, Stiele entfernt
- ½ Pfeffer, in Stücke geschnitten
- ½ kleine rote Zwiebel, in Stücke geschnitten
- 10 ml Maisstärke

VORBEREITUNG

1.In einer großen Schüssel den Honig mit der Sojasauce, dem Essig und dem Knoblauch verquirlen; die Hälfte davon in eine mikrowellenfeste Schüssel geben und beiseite stellen.

2.Steak, Champignons, rote Paprika und Zwiebel mit der restlichen Honigmischung schwenken, bis sie gleichmäßig bedeckt sind. Steak und Gemüse abwechselnd auf vier 30 cm lange Holzspieße stecken.

3.Wählen Sie das Programm "Manueller Modus" und drücken Sie "OK". Fetten Sie die Kochplatten leicht mit Kochspray ein. Sobald die "lila" Kontrollleuchte nicht mehr blinkt, die Spieße auf den Grill legen und den Deckel schließen.

4.6 bis 8 Minuten kochen, bis das Gemüse weich ist und das Rindfleisch den gewünschten Gargrad erreicht hat. In der Zwischenzeit die Maisstärke in die reservierte Honigmischung einrühren.

5.In der Mikrowelle auf höchster Stufe einmal umrühren, 60 Sekunden lang oder bis sie dick und glänzend ist; kurz vor dem Servieren gleichmäßig über die Spieße verteilen.

Entenbrust

SEPORTIONEN: 2   ZUBEREITUNGSZEIT: 10 MIN   KOCHZEIT: 10 MIN

ZUTATEN

. 75 ml Honig

. 50 ml natriumreduzierte
Sojasauce

. 30 ml Reisessig

. 6 Knoblauchzehen, gehackt.

. 500 g Rib-Eye-Steak ohne
Knochen vom Grill, in 2,5 cm
große Würfel geschnitten

. 12 kleine ganze Pilze, Stiele
entfernt

. ½ Pfeffer, in Stücke geschnitten

. ½ kleine rote Zwiebel, in Stücke
geschnitten

. 10 ml Maisstärke

VORBEREITUNG

1.Schalten Sie Ihren Optigrill ein und wählen Sie das
Programm "Steak".

2.Dann das Entenbrustfilet waschen und erneut
trocken tupfen.

3.Dann schneiden Sie die Hautseite rautenförmig ein.
Die Fleischseite wird mit Salz und Pfeffer gewürzt.

4.Legen Sie nun die Entenbrust auf die Grillplatte des
Optigrill und schließen Sie den Deckel. Das Filetstück
grillen, bis die "orange" Lampe aufleuchtet.

5.Das Entenbrustfilet vom Grill nehmen und vor dem
Aufschneiden 1-2 Minuten ruhen lassen. Mit Reis oder
gegrilltem Gemüse servieren.

Gegrillte Kartoffeln mit Filet und Sauce

SEPORTIONEN: 4   **ZUBEREITUNGSZEIT: 15 MIN**   **KOCHZEIT: 15 MIN**

ZUTATEN

. 500 g Kartoffeln

. 1 Esslöffel Pflanzenöl

. 2 Löffel Barbecue-Soße Salz Pfeffer

. 175g Fleisch

. 100 ml Ketchup

. 1 Löffel Sojasauce

. 1 Prise Chilipulver

VORBEREITUNG

1.Die Kartoffeln in der Mikrowelle 6 Minuten lang kochen, bis sie leicht weich sind, und dann abkühlen lassen. Schneiden Sie sie in 2 cm dicke Scheiben.

2.Die Kartoffeln mit dem Öl und der Hälfte der Gewürzmischung, Salz Pfeffer vermischen. Ketchup und Sojasauce in einer Schüssel verrühre und beiseite stellen.

3.Wählen Sie den "manuellen Modus" und drücken Sie "ok", um den Tel leicht einzuölen. Sobald die "lila" Kontrollleuchte blinkt, die Kartoffeln den Rost legen und den Deckel schließen.

4.Die Kartoffeln 5 Minuten lang in mehreren Durchgängen rösten, bis s weich sind. In Alufolie warm halten.

5.Wählen Sie das Programm "Fleisch" und drücken Sie die Taste "ok". Ö Sie die Platten leicht ein. Sobald die "violette" Kontrollleuchte blinkt, da Fleisch auf den Grill legen und den Deckel senken.

6.In der Zwischenzeit das Fleisch mit einem Küchentuch abtupfen. Jed Filet von beiden Seiten mit der Gewürzmischung, Salz und Pfeffer bestreuen.

7.Braten Sie nach Bedarf und orientieren Sie sich dabei an den verschiedenen Lichtern für die Garstufen.

Hähnchenspieße mit Joghurt-Curry-Marinade

SEPORTIONEN: 4   ZUBEREITUNGSZEIT: 15 MIN   KOCHZEIT: 10 MIN

ZUTATEN

. 400 g Hähnchenbrustfilet

. 4 Löffel Olivenöl

. 3 Löffel Joghurt

. 1 Löffel Zitronensaft

. 1 Knoblauchzehe

. 1 Löffel Currypulver

. 1 Löffel Paprikapulver

VORBEREITUNG

1.Die Hähnchenbrustfilets waschen, trocken tupfen und in gleichmäßig dicke Stücke schneiden - ca. 2-3 cm.

2.Öl, Zitronensaft und Joghurt mischen. Knoblauchzehe, Curry- und Paprikapulver schälen und auspressen

3.Die Marinade und das Huhn in einen Ziplock-Beutel oder eine Dose geben, gut vermischen und zwei Stunden lang im Kühlschrank ziehen lassen.

4.Den Optigrill im Programm "Geflügel" aufheizen und bis zum gewünschten Gargrad brutzeln lassen

Feine Frikadellen

SEPORTIONEN: 4   ZUBEREITUNGSZEIT: 15 MIN   KOCHZEIT: 10 MIN

ZUTATEN

. 1 Zwiebel

. 500 g Rinderhackfleisch

. 2 Knoblauchzehen

. 6 Federn Petersilie

. ½ Löffel Kreuzkümmel

. ½ Löffel Chiliflocken

. 1 Löffel Paprikapulver

. Salz und Pfeffer

VORBEREITUNG

1.Schneiden Sie zunächst den Knoblauch und die Zwiebel in kleine Stücke und waschen Sie die Petersilie gründlich. Die Petersilie auf die gleiche Weise hacken.

2.Mischen Sie nun alle Zutaten in einer Rührschüssel und schalten Sie Ihren Optigrill ein. Wählen Sie das Programm "Burger" und bestätigen Sie Ihre Auswahl mit "OK".

3.Nun das Fleisch in gleich große Stücke teilen und längliche Fleischrollen formen

4.Nun das Fleisch der Länge nach auf die Spieße stecken. Wenn der Optigrill aufgeheizt ist, die Frikadellenspieße auf den Grill legen und den Deckel vorsichtig schließen.

5.Fleisch grillen, bis die Optigrill-Lampe "orange" leuchtet. Nun die Fleischbällchen-Spieße vom Grill nehmen und servieren.

Saftiges Steak

SEPORTIONEN 2   ZUBEREITUNGSZEIT: 5 MIN   KOCHZEIT: 10 MIN

ZUTATEN

. 1,5 kg Cowboy Steak
. Salz, Pfeffer
. Butter nach Bedarf
. etwas Rosmarin

VORBEREITUNG

1.Heizen Sie den Optigrill zunächst im Programm "Steak" vor und tupfen Sie das Steak leicht mit Küchenpapier ab.

2.Schneiden Sie nun alle überstehenden Knochen ab, aber achten Sie darauf, dass Sie den Hauptknochen nicht wegschneiden.

3.Bevor Sie das Steak grillen, salzen Sie es ein wenig und legen es dann in den Optigrill und grillen es (bitte achten Sie darauf, das Fleisch nicht mit dem Deckel zu quetschen).

4.Sollte die Kochstufe nun auf "gelb" umschalten, dann öffnen Sie bitte den optigrill und geben Rosmarin und Butter hinzu

5.Zum Schluss den optigrill schließen und das Steak weiter grillen, bis sich die Temperatur zwischen "gelb" und "orange" eingependelt hat.

Gegrillte Hähnchenschenkel mit Ahornsirup

SEPORTIONEN 2   ZUBEREITUNGSZEIT: 5 MIN   KOCHZEIT: 10 MIN

ZUTATEN

. 8 Hähnchenkeulen ohne
Knochen und Haut
. 50 ml Ahornsirup
. 2 Löffel Dijon-Senf
. Salz und Pfeffer
. Thymian
. 2 gehackte Knoblauchzehen

VORBEREITUNG

1.Den Ahornsirup mit dem Senf, Salz, Pfeffer, Thymian und Knoblauch verrühren. 30 ml beiseite stellen und die restliche Sauce über das Huhn gießen, bis es gleichmäßig bedeckt ist.

2.Wählen Sie das Programm "Fleisch" und drücken Sie "ok". Die Platten leicht einölen. Sobald die "lila" LED aufhört zu blinken, das Hähnchen auf den Grill legen und den Deckel senken.

3.Garen Sie es, bis die "rote" Anzeige oder das Licht aufleuchtet. Das Hähnchen vom Grill nehmen und mit einem Pinsel die beiseite gestellte Sauce darüber streichen.

Lammkoteletts mit Kräuterkruste

SEPORTIONEN: 2   ZUBEREITUNGSZEIT: 15 MIN   KOCHZEIT: 10 MIN

ZUTATEN

. 50 ml fein gehackte frische Petersilienblätter

. Je 15 ml fein gehackte frische Rosmarin- und Thymianblätter

. 30 ml Olivenöl

. 15 ml Dijon-Senf

. Je 4 ml Salz und Pfeffer

4 gehackte Knoblauchzehen

. 8 Lammkoteletts ca. 750 g

VORBEREITUNG

1.Die Petersilie mit Rosmarin und Thymian mischen. Öl, Senf, Salz, Pfeffer und Knoblauch zu einer Paste verrühren und auf den Koteletts verteilen.

2.Wählen Sie das Programm "Wurst" und drücken Sie "OK". Fetten Sie die Kochplatten leicht mit Kochspray ein. Sobald die "lila" Kontrollleuchte nicht mehr blinkt, die Koteletts auf den Grill legen und den Deckel schließen.

3.Garen, bis die Kontrollleuchte die Farbe des gewünschten Gargrads angenommen hat. Gelb für "rare", orange für "medium" oder rot für "well done". Die Koteletts auf einen Teller legen und mit Folie abdecken.

4.Vor dem Servieren 5 Minuten ruhen lassen.

Gegrillter Speck

SEPORTIONEN: 4 ZUBEREITUNGSZEIT: 5 MIN KOCHZEIT: 10 MIN

ZUTATEN

. Kochspray

. Speck

VORBEREITUNG

1.Schalten Sie zunächst Ihren Optigrill ein und wählen Sie das Programm "Wurst". Fetten Sie dann die Kochplatten leicht mit Kochspray ein.

2.Schneiden Sie dann den Speck in Scheiben (je nach Belieben) oder verwenden Sie Bauchspeck vom Metzger, was natürlich auch eine Möglichkeit wäre.

3.Trennen Sie nun die einzelnen Scheiben voneinander und legen Sie sich auf Ihren Grill.

4.Der optigrill sollte nun vorgeheizt sein und Sie können nun die Speckscheiben nach Belieben auf den Grill legen

5.Vergewissern Sie sich, dass genügend Platz vorhanden ist, und bestätigen Sie mit der Schaltfläche "OK". Nachdem Sie den Deckel geschlossen haben

6.Grillen Sie den Speck je nach Ihren Vorstellungen in der Farbe "rot" oder "orange".

Hähnchen mit Ahornsirup

PORTIONEN: 2   ZUBEREITUNGSZEIT: 10 MIN   KOCHZEIT: 10 MIN

ZUTATEN

. 25 ml Ahornsirup
. ein wenig Thymian
. Salz und Pfeffer
. 4 Hähnchenschenkel ohne
Knochen und ohne Haut.
. 1 Löffel Senf

VORBEREITUNG

1.Mischen Sie zunächst Salz, Pfeffer, Thymian, Senf und Knoblauch zu einer Paste.

2.1 Löffel Sirup auf die Seite geben und den Rest über das Huhn träufeln, bis es bedeckt ist.

3.Wählen Sie nun im Programm "Hähnchen" den optigrill aus und bestätigen Sie mit "ok".

4.Fetten Sie dann die Grillplatten wie gewohnt mit Öl ein. Sobald die "Purple"-Lampe nicht mehr blinkt, können Sie das Hähnchen grillen und den Deckel schließen.

5.Gleichmäßig grillen und auf die Farbe "rot" achten, denn dann sollte das Fleisch fertig sein

Beefsteak

PORTIONEN: 4   ZUBEREITUNGSZEIT: 15 MIN   KOCHZEIT: 10 MIN

ZUTATEN

300g Tagliatelle con spinaci

. 400 g Rindersteak

. Tomaten

. Salz und Pfeffer

VORBEREITUNG

1.Kochen Sie zunächst die Tagliatelle mit Spinat nach den Anweisungen auf der Verpackung. Währenddessen können Sie mit den nächsten Schritten fortfahren.

2.Schalten Sie den optigrill ein, wählen Sie das Programm "Steak" und bestätigen Sie mit "ok", um den Heizvorgang zu starten.

3.Während der optigrill aufheizt, das Steak gründlich waschen, abtupfen und, wenn Sie möchten, beide Seiten leicht mit Salz und Pfeffer massieren.

4.Sobald der optigrill piept, können Sie das Fleisch auf den Grill legen, wenn der Deckel geschlossen ist, beginnt der Grillvorgang automatisch.

5.Wählen Sie die gewünschte Garstufe und nehmen Sie das Gerät dann vom Grill.

6.Das Steak mit Tagliatelle und Spinat auf einem Teller anrichten und mit den Tomaten und dem Rosmarinzweig verfeinern.

Süß-saure BBQ-Rippchen ohne Knochen

PORTIONEN: 4   ZUBEREITUNGSZEIT: 20 MIN   KOCHZEIT: 30 MIN

ZUTATEN

. 1 Schweinefilet, etwa 500 g

. Je 10 ml Chili- und Senfpulver

. Je 5 ml Zwiebel- und Knoblauchpulver

. Je 4 ml Salz und Pfeffer

. 50 ml rauchige Barbecue-Sauce

. 50 ml Aprikosenkonfitüre, geschmolzen

. 15 ml gelber Senf

VORBEREITUNG

1. Das Filet der Länge nach einschneiden, aber nicht ganz durchschneiden, so dass es sich wie ein Buch öffnet. Das Fleisch gleichmäßig dick klopfen. Ritzen Sie das Fleisch ein und schneiden Sie es in Scheiben, die etwa einen halben Zentimeter auseinander liegen, so dass es wie ein Stück Rippe aussieht.

2. Das Chilipulver mit Senfpulver, Zwiebelpulver, Knoblauchpulver, Salz und Pfeffer mischen. Die Gewürzmischung gleichmäßig über das Schweinefleisch reiben.

3. Die Mischung 30 Minuten lang stehen lassen. In der Zwischenzeit die Barbecue-Sauce mit der Marmelade und dem Senf glatt rühren. In der Mikrowelle 60 Sekunden lang oder bis zur vollständigen Erwärmung erhitzen. 30 ml der Sauce abmessen und das gesamte Schweinefleisch damit bestreichen; die restliche Sauce aufbewahren.

4. Wählen Sie das Programm "Wurst" und drücken Sie "ok". Fetten Sie die Kochplatten leicht mit Kochspray ein. Sobald die "violette" Kontrollleuchte nicht mehr blinkt, das Drahtgitter auf den Grill legen und den Deckel schließen.

5. Braten, bis die Kontrollleuchte auf "rot" umgeschaltet hat. Das Schweinefleisch vom Grill nehmen und mit Folie abdecken; 5 Minuten ruhen lassen.

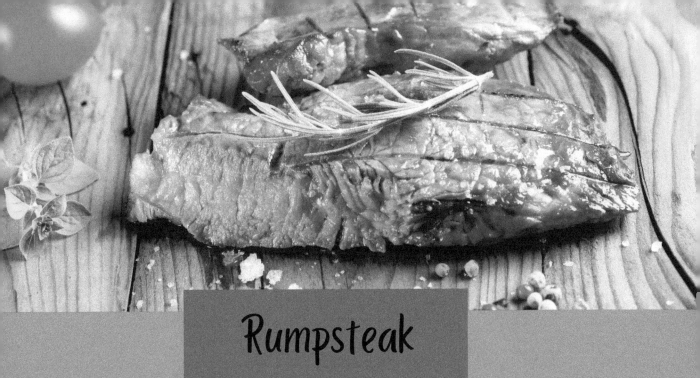

Rumpsteak

PORTIONEN: 4   ZUBEREITUNGSZEIT: 20 MIN   KOCHZEIT: 15 MIN

ZUTATEN

. 8 Löffel Olivenöl

. 4 Rindersteaks

. 1 Zitrone

. 2 Löffel Zucker

. 2 Handvoll Petersilie

. 2 Knoblauchzehen

VORBEREITUNG

1.Die Steaks gründlich waschen und trocken tupfen. Dann die Marinade zubereiten.

2.Den Saft einer Zitrone, das Olivenöl, den gehackten Knoblauch, den Zucker und die gehackte Petersilie vermengen.

3.Nun die Steaks etwa 11-12 Stunden in der Marinade einlegen.

4.Nehmen Sie die Steaks vor dem Grillen aus dem Kühlschrank und heizen Sie den optigrill auf das Programm "Steak" vor und grillen Sie, bis die Lampe "orange" blinkt.

5.Servieren Sie

Delikatessen aus Rindfleisch

PORTIONEN: 4   ZUBEREITUNGSZEIT: 30 MIN   KOCHZEIT: 10 MIN

ZUTATEN

. 500 g Rinderhackfleisch

. 100 g Feta

. 2 Eier

. 1 rote Zwiebel

. 2 Löffel Semmelbrösel

. 1 Zitrone Olivenöl

. Oregano-Zimt

. Salz und Pfeffer

. frische Petersilie

VORBEREITUNG

1. Zuerst die Zwiebel würfeln und in einer Pfanne anbraten.

2. Außerdem können Sie den optigrill im Programm "Burger"
aufheizen und das Hackfleisch mit den Eiern, Semmelbröseln, Zwiebeln und etwas Zitronensaft gründlich vermischen.

3. Dann die Mischung mit den Gewürzen Salz, Pfeffer, Zimt, Petersilie und Oregano abschmecken und aus dem Hackfleischteig etwa 8 gleich große Kugeln formen und in jede Kugel ein Stückchen Fetakäse geben.

4. Nun die Kugeln so verschließen, dass der Fetakäse nicht mehr zu sehen ist, und die Fleischbällchen auf den Optigrill legen. Nun grillen, bis das "orange" Licht blinkt

GESUND

REZEPTE

Kartoffel-Fladenbrot

PORTIONEN: 4   ZUBEREITUNGSZEIT: 20 MIN   KOCHZEIT: 10 MIN

ZUTATEN

. 2 Löffel Pflanzenöl
. 800 g Kartoffeln
  80 g Mehl
    . 2 Ei
. Salz und Pfeffer
. 1 weiße Zwiebel

VORBEREITUNG

1.Zuerst die Kartoffeln schälen und in feine Stücke schneiden, dann die Zwiebeln in Scheiben reiben

2.Dann die Zwiebeln und Kartoffeln mit dem Ei und dem Mehl vermischen. Auch mit Salz und Pfeffer würzen

3.Schalten Sie nun den optigrill auf "manuellen Betrieb" (220°C) und lassen Sie ihn aufheizen. Pinseln Sie die Kontaktflächen mit ein wenig Öl ein, bevor Sie den Teig darauf auslegen.

4.Anschließend das Fladenbrot 10-15 Minuten braten oder grillen.

Kartoffelspalten mit saurer Sahne

PORTIONEN: 2   ZUBEREITUNGSZEIT: 30 MIN   KOCHZEIT: 10 MIN

ZUTATEN

. 600 g Kartoffeln

. 3 Löffel Olivenöl

. 1 Löffel Paprikapulver

. 1 Löffel Salz

. 1 Löffel Pfeffer

. saure Sahne

. 100 g fettarmer Quark

. 50 g Crème fraîche

. 1 Knoblauchzehe

. 1 Löffel Schnittlauch

VORBEREITUNG

1.Die Kartoffeln waschen, abtrocknen und in Spalten schneiden: kleine Kartoffeln der Länge nach einschneiden, große der Länge nach achteln.

2.Legen Sie das Backblech in den optigrill und heizen Sie ihn im "manuellen Modus" auf "orange" (220°C) vor

3.In der Zwischenzeit das Olivenöl und die Gewürze in einer großen Schüssel vermischen.

4.Die in Scheiben geschnittenen Kartoffeln dazugeben und alles vermengen, so dass die Keile von allen Seiten mit Marinade bedeckt sind.

5.5 Sobald der optigrill aufgeheizt ist, die Kartoffelspalten auf das Backblech legen und gut verteilen. Den Deckel schließen und etwa 35 Minuten backen.

6.In der Zwischenzeit die saure Sahne zubereiten: Die Knoblauchzehe schälen und auspressen. Den Schnittlauch waschen und in kleine Ringe schneiden. Crème fraîche und Quark in einer Schüssel miteinander verrühren. Knoblauch und Schnittlauch dazugeben und mit Salz und Pfeffer würzen.

7.Nach etwa 35 Minuten sollten die Kartoffeln gut durchgebacken sein. Da es auf die Größe der Stücke ankommt, ist es am besten, eines der größeren Stücke zu probieren, um zu sehen, ob sie gar sind.

8.Am besten serviert man die Wedges direkt aus der Auflaufform zusammmen mit saurer Sahne.

Pfannkuchenbrötchen mit Schinken und Käse

PORTIONEN: 4   ZUBEREITUNGSZEIT: 20 MIN   KOCHZEIT: 10 MIN

ZUTATEN

Zutaten:
. 160 g Mehl
. 320 ml Milch
. 4 Eier
. 100g Schinken
. 80 g geriebener Käse
. Butter zum Einfetten
. Schnittlauch
. Salz
. Pfeffer

VORBEREITUNG

1.Das Mehl in eine Schüssel sieben und mit der Milch und den Eiern gut vermischen. Den Teig mit einer Prise Salz und Pfeffer würzen.

2.Legen Sie das Backblech in den optigrill und heizen Sie ihn im "manuellen Modus" auf "gelb" (180°C) vor.

3.Sobald der optigrill vorgeheizt ist, etwas Butter auf das Backblech geben und die Pfanne damit bestreichen. Etwa eine Kelle Pfannkuchenteig auf das Backblech geben, so dass er sich dünn auf der gesamten Oberfläche verteilt.

4.Sie können das Backblech auch ein wenig anheben und vorsichtig schwenken, dann lässt sich der Teig gut verteilen.

5.Einige Scheiben Schinken und etwa eine Handvoll geriebener Käse auf dem noch flüssigen Teig verteilen.

6.Den Deckel schließen und den Pfannkuchen etwa drei Minuten lang backen. Dann den Pfannkuchen mit einem Spatel vorsichtig von einer Seite aufrollen und weitere zwei Minuten backen.

7.Nehmen Sie die gebackene Pfannkuchenrolle vom Backblech. Wiederholen Sie den Vorgang drei weitere Male, bis alle Zutaten verbraucht sind. Bei den folgenden Durchgängen benötigen Sie nur noch sehr wenig oder gar keine Butter mehr.

8.Zum Servieren die Pfannkuchenrollen halbieren und mit Schnittlauch garnieren. Alternativ können Sie den Schnittlauch auch mit Schinken und Käse auf dem Teig verteilen.

Maultaschen

PORTIONEN: 2   ZUBEREITUNGSZEIT: 15 MIN   KOCHZEIT: 10 MIN

ZUTATEN

. Löffel Gemüsebrühepulver

. 250 ml Wasser

. 2 Knödel

VORBEREITUNG

1. Das Wasser mit dem Gemüsebrühepulver in einem Topf zum Kochen bringen. Die Knödel in den Topf geben und auf niedrigster Stufe 8 Minuten ziehen lassen.

2. Nun den optigrill einschalten und auf "gelb" im "manuellen Modus" vorheizen. Die gekochten Maultaschen abgießen, auf den vorgeheizten Grill legen und 10 Minuten grillen.

3. Zum Schluss die Zeiten für 10 Minuten einstellen. Je nachdem, wie gegrillt Sie die leckeren Maultaschen mögen, können Sie sie kürzer oder länger anlassen.

Tomatent apenade

PORTIONEN: 2   ZUBEREITUNGSZEIT: 15 MIN   KOCHZEIT: 10 MIN

ZUTATEN

. 4 Seebarschfilets, je 150 g
. 4 Löffel fein gehackte Petersilie
. 2 Esslöffel Zitronensaft
. 2 Esslöffel Olivenöl
. 1 Tasse weißer Essig
. 1 Knoblauchzehe, gehackt
. Salz und Pfeffer
. 4 schöne Tomaten, entkernt
und in kleine Würfel geschnitten
. 50 g fein gehackte grüne Oliven
. ein Viertel einer Zitrone

VORBEREITUNG

1.Petersilie mit Zitronensaft, Olivenöl, Essig und Knoblauch mischen, in zwei gleiche Portionen aufteilen, die Filets von beiden Seiten salzen und pfeffern, dabei die Hälfte der Salzmenge verwenden

2.Die Filets mit der ersten Portion der Petersiliensauce bestreichen. Die zweite Portion der Sauce mit den Tomaten, den Oliven, der Schale und dem restlichen Salz und Pfeffer mischen und beiseite stellen.

3.Wählen Sie das Programm "Fisch" und fetten Sie die Platten leicht ein. Sobald die "violette" Kontrollleuchte nicht mehr blinkt, die Filets auf den Grill legen und den Deckel senken.

4.Garen, bis die gelbe" Kontrollleuchte aufleuchtet.

5.Die Doradenfilets mit der vorbereiteten Sauce servieren.

Wurzelgemüse mit Honig

PORTIONEN: 4   ZUBEREITUNGSZEIT: 25 MIN   KOCHZEIT: 10 MIN

ZUTATEN

. 4 Möhren. Geschält

. 4 Pastinaken, geschält

. 2 Süßkartoffeln

. 125 ml Honig

. 30 ml geschmolzene Butter

. 15 ml fein gehackter frischer Thymian.

. 5 ml fein geriebene Orangenschale

. Je 5 ml Salz und Pfeffer

. 20 ml Apfelessig

VORBEREITUNG

1.Möhren und Pastinaken schräg in 2,5 cm dicke Stücke schneiden. Die Süßkartoffeln in 1 cm dicke Scheiben schneiden; jede Scheibe in der Mitte durchschneiden. Das Gemüse in eine große, mikrowellengeeignete Schüssel geben. Das Gemüse in der Mikrowelle auf höchster Stufe 6 Minuten lang garen oder bis es zart, aber noch fest ist.

2.Den Honig mit der geschmolzenen Butter, dem Thymian, der Orange, der Schale, dem Salz und dem Pfeffer verquirlen. Das Gemüse mit der Honigmischung umschwenken.

3.Schalten Sie den Grill ein. Wählen Sie das Programm "Gemüse" und drücken Sie "ok". Sobald die "lila" Kontrollleuchte nicht mehr blinkt, das Gemüse auf den Grill legen und den Deckel schließen.

4.Garen Sie das Gemüse schubweise 5 Minuten lang oder bis es zart und gut durchgebraten ist; decken Sie das gekochte Gemüse mit Folie ab.

5.In der Zwischenzeit den Essig in die in der Schüssel verbliebene Honigmischung einrühren. Sobald das Gemüse gar ist, zurück in die Schüssel geben und vorsichtig in der Essig-Honig-Mischung schwenken, um es zu überziehen.

Bratkartoffeln mit Parmesan

PORTIONEN: 4   ZUBEREITUNGSZEIT: 30 MIN   KOCHZEIT: 10 MIN

ZUTATEN

. 1 kg Kartoffeln
. 30 ml Olivenöl
. 50 g Parmesankäse
. 4 Federn Rosmarin
. Salz und Pfeffer

VORBEREITUNG

1.Zuerst die Kartoffeln etwa 5-10 Minuten vorkochen und dann in 1 cm dicke Scheiben schneiden.

2.Nun Salz, Pfeffer und Olivenöl auf die Kartoffelscheiben geben und alles gut vermischen

3.Legen Sie die Kartoffeln auf den Grill und grillen Sie sie etwa 5 Minuten lang, bis sie knusprig sind.

4.Zum Schluss können Sie die noch heißen Kartoffeln mit Parmesan bestreuen.

5.Nach Belieben servieren

Gegrilltes Gemüse

PORTIONEN: 4   ZUBEREITUNGSZEIT: 20 MIN   KOCHZEIT: 10 MIN

ZUTATEN

. 100 ml Olivenöl
. 1 Aubergine
. 1 Zucchini
. 4 Tomaten
. 2 Federn Majoran
. 2 Federn Rosmarin
. 1 Paprika
. 1 Knoblauchzehe
. 2 Federn Thymian
. 2 Löffel Balsamico-Essig
. 2 Löffel gehackter Ingwer
. Salz und Pfeffer

VORBEREITUNG

1. Zuerst das Gemüse waschen und schneiden.

2. Hacken Sie nun die Kräuter und mischen Sie Kräuter, Öl, Knoblauch, Salz, Pfeffer und Essig für die Marinade.

3. Anschließend das Gemüse mindestens 4 Stunden lang in der Marinade einweichen.

4. Zum Schluss den optigrill auf "manuellen Betrieb" (220°C) vorheizen und das Gemüse ca. 5 Minuten bis zum Servieren grillen.

VORSPEISEN

Mediterraner Nudelsalat

PORTIONEN: 2   ZUBEREITUNGSZEIT: 25 MIN   KOCHZEIT: 10 MIN

ZUTATEN

500 g gekochte Nudeln, Typ Penne

125 ml Weinessig

50 ml Zitronensaft

1 Tasse einer Suppe mit Honig

2 gehackte Knoblauchzehen

Salz und Pfeffer

125 ml Olivenöl

1 Zucchini

1 kleine Aubergine, in 1 cm dicke
Scheiben geschnitten

1 rote Paprika, in dicke Scheiben
geschnitten

½ rote Zwiebel, in 1 cm dicke
Scheiben geschnitten

125 g Feta in Stücken

4 Esslöffel gehacktes Basilikum

50 g gehackte schwarze Oliven

50 g geröstete Pinienkerne

VORBEREITUNG

1. Den Essig mit der Zitrone, dem Honig, dem Knoblauch, Salz und Pfeffer mischen. Das Olivenöl kontinuierlich unterrühren.

2. Die Sauce mit Zucchini, Auberginen, Paprika und Zwiebeln mischen. Die Vinaigrette zum Würzen der Nudeln aufheben

3. Wählen Sie den "manuellen Modus" und drücken Sie "OK", um die Platten leicht zu ölen.

4. Sobald die violette" LED aufhört zu blinken, legen Sie das Gemüse auf den Grill und senken den Deckel.

5. Das Gemüse schubweise etwa 5 Minuten kochen, bis es zart und gut durchgebraten ist. Das Gemüse grob schneiden und mit den gekochten Nudeln, der restlichen Vinaigrette, dem Feta, dem Basilikum und den Oliven mischen.

6. Kurz vor dem Servieren Pinienkerne über das Gericht streuen.

62.

Tofu-Spieße mit Tomaten

PORTIONEN: 2   ZUBEREITUNGSZEIT: 20 MIN   KOCHZEIT: 10 MIN

ZUTATEN

450 g extra fester Tofu, abgetropft
und getrocknet, in 2,5 cm große
Würfel geschnitten

125 g Pesto aus getrockneten
Tomaten

75ml Balsamico-Essig

4 Löffel fein gehackte
Basilikumblätter

Salz und Pfeffer

1 Zucchini, in 1 cm dicke Scheiben
geschnitten

1 kleine gelbe Paprika, in Stücke
geschnitten

200 g Kirschtomaten

VORBEREITUNG

1.Das Pesto mit Essig, Basilikum, Salz und Pfeffer in einer Salatschüssel verrühren. Tofu, Zucchini, Paprika und Tomaten hinzufügen. Umrühren, bis alles gut bedeckt ist.

2.Den Tofu und das Gemüse abwechselnd auf 20 cm lange Holzspieße stecken.

3.Wählen Sie den "manuellen Modus" und drücken Sie "OK". Sobald das "violette" Licht aufhört zu blinken, die Spieße auf den Grill legen und den Deckel senken.

4.Die Spieße schubweise 6-8 Minuten backen, bis sie zart und gut durch sind.

5.Die Spieße vor dem Servieren mit der restlichen Marinade bestreichen.

Gebratene Paprika

PORTIONEN: 2   ZUBEREITUNGSZEIT: 15 MIN   KOCHZEIT: 10 MIN

ZUTATEN

. 2 Peppers
. Paprika (Menge nach Wahl)

VORBEREITUNG

1.Schalten Sie zunächst den optigrill ein und wählen Sie das Programm "Handbetrieb" und drücken Sie die Taste so oft, bis die "orange" Lampe aufleuchtet

2.Während der Grill aufheizt, die Paprikaschoten gründlich waschen und in die gewünschten Stücke schneiden.

3.Legen Sie die Paprikastücke auf den heißen Grill und schließen Sie den Deckel. Je nachdem, wie gut die Paprikastücke gegart sein sollen, 5-10 Minuten auf dem Grill lassen

4.Dann können die Stücke vom Grill genommen und serviert werden.

6

Gegrillter Käse

PORTIONEN: 4   ZUBEREITUNGSZEIT: 15 MIN   KOCHZEIT: 10 MIN

ZUTATEN

4 Scheiben Käse

VORBEREITUNG

1.Schalten Sie zunächst den optigrill ein und wählen Sie das Programm "Handbetrieb" und drücken Sie die Taste so oft, bis die "orange" Lampe aufleuchtet

2.Bestätigen Sie dann mit der Taste "ok". Nehmen Sie nun den gegrillten Käse aus der Verpackung und legen Sie ihn auf den Grill

3.Den Käse etwa 2-3 Minuten grillen, bis er außen schön knusprig ist.

4.Vom Grill nehmen und servieren.

Falafel-Leckerbissen

PORTIONEN: 4   ZUBEREITUNGSZEIT: 40 MIN   KOCHZEIT: 10 MIN

ZUTATEN

110 g Süßkartoffel
1 Esslöffel Pflanzenöl
1 Knoblauchzehe
400 g Kichererbsen
½ Zwiebel
20 g Hafermehl
1 Löffel Tomatenmark
60 g Mais in Dosen
Kreuzkümmel
Paprikapulver Chilipulver
1 Handvoll Petersilie
Salz und Pfeffer

VORBEREITUNG

1.Stechen Sie die Süßkartoffel zunächst mit einer Gabel ein und legen Sie sie dann für etwa 10 Minuten in die Mikrowelle, um sie ein wenig vorzukochen

2.Schneiden Sie nun die Zwiebeln in kleine Stücke und braten Sie sie in einer Pfanne mit etwas Öl an. Dann den gehackten Knoblauch hinzugeben und beides ein oder zwei Minuten lang anbraten.

3.Nun können Sie die Haferflocken, die Zwiebeln, den Knoblauch und die pürierten Kichererbsen miteinander vermischen.

4.Die Mischung mit Paprikapulver, Salz, Pfeffer, Chilipulver und Kreuzkümmel würzen.

5.Nun das Innere der Süßkartoffel entfernen und zu der Haferflockenmischung geben und gut mit dem Mais vermischen.

6.Lassen Sie den Teig ca. 30 Minuten ruhen, während Sie den optigrill auf "manuellen Betrieb" (220°C) vorheizen.

7.Bestreichen Sie zuvor die Kontaktflächen mit Öl und formen Sie aus der Masse gleich große Kugeln.

8.Anschließend auf den Grill legen und 5-10 Minuten grillen.

Kartoffeln mit Parmesan

PORTIONEN: 2   ZUBEREITUNGSZEIT: 20 MIN   KOCHZEIT: 10 MIN

ZUTATEN

4 Kartoffeln

30 ml Olivenöl

1 Tasse Kräuter

Salz und Pfeffer

50 geriebener Parmesankäse

VORBEREITUNG

1.Die Kartoffeln 6 Minuten lang in der Mikrowelle kochen, bis sie weich sind, dann abkühlen lassen. Schneiden Sie sie dann in 1 cm dicke Scheiben

2.Olivenöl, Kräuter der Provence, Salz und Pfeffer mischen. Jede Scheibe auf beiden Seiten mit dieser Sauce bestreichen.

3.Wählen Sie den "manuellen Modus" und drücken Sie "ok", um die Platten leicht zu ölen.

4.Sobald die "lila" LED aufhört zu blinken, die Kartoffeln auf den Grill legen und den Deckel schließen.

5.5 Minuten backen, bis sie zart und gut durchgebraten sind.

6.Die Kartoffeln auf einen großen Teller geben und mit Parmesankäse bestreuen

Knoblauch-Butter-Kartoffeln

PORTIONEN: 2   ZUBEREITUNGSZEIT: 40 MIN   KOCHZEIT: 10 MIN

ZUTATEN

800 g Kartoffeln

50 g Butter

3 Knoblauchzehen

½ Bund Petersilie

5 g Parmesankäse

1 Löffel Salz

1 Löffel Pfeffer

VORBEREITUNG

1.Die Butter in einem Topf bei schwacher Hitze schmelzen. Die geschmolzene Butter in eine Schüssel gießen. Den Knoblauch pressen. Die Petersilie waschen. Die Blätter abzupfen und fein hacken. Den Knoblauch und die Petersilie unter die Butter rühren. Mit Salz und Pfeffer würzen.

2.Waschen Sie die Kartoffeln, schälen Sie sie gegebenenfalls und schneiden Sie sie in sehr feine Scheiben (ca. 1 - 2 mm), dafür eignet sich eine Mandoline.

3.Die Kartoffelscheiben leicht überlappend auf das Backblech legen. Etwas von der Knoblauchbutter auf die erste Schicht Kartoffeln geben und mit einem Pinsel gleichmäßig verteilen. Dann eine weitere Schicht Kartoffeln, mit Knoblauchbutter bestreichen und wiederholen, bis die Kartoffeln aufgebraucht sind

4.Den Parmesan gleichmäßig auf die oberste Schicht reiben. Ich habe die Kartoffeln nur ganz leicht bedeckt. Sie können natürlich mehr Käse hinzufügen, wenn Sie möchten.

5.Stellen Sie das Backblech in den optigrill. Stellen Sie den "manuellen Modus" auf "orange" (220°C) und starten Sie den Backvorgang direkt ohne Vorheizen.

6.Die Kartoffeln mit Knoblauchbutter etwa 30 Minuten backen, bis sie oben schön knusprig sind.

7.Gegebenenfalls vor dem Servieren noch ein wenig salzen und pfeffern.

8.Wenn Sie möchten, können Sie nach dem Backen noch etwas Parmesan darüber reiben.

Gebratene Schweinekartoffeln

PORTIONEN: 2   ZUBEREITUNGSZEIT: 15 MIN   KOCHZEIT: 10 MIN

ZUTATEN

4-5 Kartoffeln, geschält.
1 Zwiebel
Salz und Pfeffer
Knoblauchpulver

VORBEREITUNG

1.Schalten Sie den optigrill zunächst auf "orange" und lassen Sie ihn vorheizen. Sie können auch eine grobe Reibe verwenden, um die geschälten Kartoffeln in Scheiben zu schneiden

2.Anschließend den Geschmack mit Knoblauchpulver, Salz und Pfeffer abrunden.

3.Der Grill sollte jetzt heiß sein, so dass Sie die Kartoffeln darauf verteilen und etwas Olivenöl darauf geben können.

4.Etwa 10 Minuten kochen und dann servieren.

Ingram Content Group UK Ltd.
Milton Keynes UK
UKHW051944110623
423239UK00002BA/3